Saggi

GIOVANNI ALLEVI

I nove doni

Sulla via della felicità

SOLFERINO

SOLFERINO

www.solferinolibri.it

ISBN 978-88-282-1489-2
Prima edizione: settembre 2024
Quarta edizione: dicembre 2024

A tutte le persone in cerca di una luce, e in particolare a tutti quei guerrieri coraggiosi che stanno soffrendo, nella speranza che possano riconoscersi in queste parole e ricevere la forza di condurre la propria battaglia verso la vittoria.

«ALL'IMPROVVISO
MI È CROLLATO
TUTTO.
HO PERSO MOLTO
MA NON LA
SPERANZA
E LA VOGLIA DI
IMMAGINARE.»

Prologo

Dono, felicità, umanità

Noi, vedete, siamo immortali. E lo sappiamo. Ognuno di noi intuisce «a priori», sente immediatamente, che nella profondità del nostro essere c'è qualcosa di più grande, qualcosa di bello, di buono, precedente alle nostre incertezze, infelicità, aggressività quotidiane. Qualcosa che trascende la nostra vicenda individuale.

Nella vita di tutti i giorni, all'immortalità dell'anima pensiamo pochissimo. Direi per niente. Le nostre preoccupazioni sono altre: le incombenze quotidiane, il lavoro con le sue piccole e grandi incomprensioni. Io non facevo certo eccezione.

La mia vita era un turbine di concerti, teatri, palazzetti dello sport in giro per il mondo, conferenze stampa, interviste, selfie, autografi. Un'esistenza invidiabile e felice, secondo tutti i criteri che governano la nostra società.

Eppure Kant ci fa notare che la felicità è una questione soggettiva: «Nessuno mi può costringere a essere felice a suo modo, ma ognuno può ricercare la sua felicità per la via che a lui sembra buona». Insomma, il mondo può pensarla come vuole, ma solo io posso sapere cosa mi rende felice o meno.

E lo ero? Sì: perché suonavo la mia musica. Eppure, nella mia felicità c'era un permanente controcanto di ansia che veniva dalla paura del giudizio esterno, e anche di quello... interno. Sono sempre stato il più impietoso critico di me stesso. Nonostante gli applausi e l'affetto, mi sono sempre sentito vagamente inadeguato, non all'altezza della situazione.

Quindi felicità e ansia. Forse più ansia che felicità.

Nonostante ciò, non mi sono mai chiesto se fossi davvero felice, o perché non lo fossi, relegando la mia felicità a un ruolo secondario. Andavo avanti affrontando impegni a volte sovrumani, rimandando a domani la riflessione su ciò che mi faceva stare bene o, meglio ancora, spegnendo i pensieri che la accompagnavano.

È quello che facciamo tutti. Andare avanti, anche quando sembra troppo.

Così passa un altro giorno in cui non ci chiederemo se siamo felici.

Un altro giorno in cui non ci chiederemo se siamo immortali.

Finché, per me, è arrivata una malattia terribile, e tutto si è fermato, tutto è crollato.

Ho dovuto affrontare l'esperienza del dolore fisico e della possibilità concreta della mia fine. La mia vita è andata in frantumi. A quel punto, l'immortalità dell'anima è tornata a essere un nodo centrale nei miei pensieri.

Come vedremo, avvicinarmi al nucleo della fragilità umana mi ha portato ad acquisire una nuova consapevolezza. Tanto che oggi mi chiedo: forse la malattia è venuta a consegnarmi un messaggio profondo?

Nonostante la paura e l'angoscia, oggi riconosco che, assieme al dolore, essa mi ha portato degli inaspettati doni.

Non è stato facile accettarli, ma una volta che sono riuscito a vederli li ho scoperti reali, da sempre presenti nella mia vita come pacchetti avvolti in una carta scintillante, nascosti alla mia vista negli angoli della mia esistenza quotidiana, in attesa che li trovassi.

In questo libro vi parlerò di loro. Ne ho individuati nove, i più importanti per me, ma potrebbero essercene molti di più.

Quello di «dono» è un concetto che usiamo spesso. Si dice per esempio che una persona ha «un dono» quando gli riconosciamo un talento. Lo hanno detto anche a me e di me. Ma prima di questo stravolgimento della mia vita, ho sempre avuto un rapporto problematico con il mio talento.

Sicuramente ho avuto una passione irresistibile e viscerale per la Musica, una vocazione, accompagnata da uno studio accademico intenso e maniacale, che mi ha condotto verso una gioiosa rottura con la tradizione classica, liberando la mia ricerca verso il nuovo. Eppure, tutti si erano da subito impegnati a farmi sentire in colpa per aver intrapreso una strada inconsueta.

Così mi sono trovato davanti a platee enormi a suonare la mia musica al pianoforte e a domandarmi titubante: "Possibile che siate tutti qui per me? Devo continuare allora a scrivere e suonare la mia musica? Non è questo forse il miglior modo di onorare la vostra attenzione?". E senza prendere fiato ho percorso trent'anni di carriera, fatti di invenzione musicale, studio, concerti, libri, incontri, interviste, partecipazioni televisive, esposizione della mia persona e del mio pensiero. Io che sono un gatto sotto la credenza, che amo stare in disparte, mi sono buttato nella Musica con entusiasmo e con una enorme ingenuità.

Purtroppo, ciò che per me era gioia e spontaneità era percepito all'esterno anche come il suo esatto contrario. Soprattutto, era visto come un affronto allo *status quo*. E il mio successo veniva interpretato come il risultato di una potente espressione algoritmica! Avrei voluto rispondere che la Musica non è fatta di numeri, ma di intuizione e mistero, di conoscenza e slanci travolgenti, e che la mia vita era in balìa dell'unico desiderio che contava: la creazione musicale. Eppure, tutto il clamore, la fama, l'attenzione erano diventati uno spartiacque, portatore di invettive e ovazioni. In tempi di conformismo, non ti è perdonato percorrere sentieri non battuti, proporre, senza «numi tutelari», una tua visione del mondo fine solo a se stessa.

La mia timidezza si è trasformata così in inadeguatezza, sono riusciti a farmela sentire dentro, nel profondo. Ecco allora un tremore improvviso durante una esecuzione in diretta televisiva, un forte torcicollo per il pianoforte scordato in uno studio radiofonico, o il mal di schiena dopo quei concerti in cui la prima fila non applaudiva e si trasformava nella mia mente in un plotone giudicante.

I miei punti deboli, come anelli di congiunzione tra fisico e metafisico, si erano aggrappati alla mia anima, costretta dai giudizi esterni a pensare ad altro, al di fuori dell'unico elemento per me centrale: la Musica.

Poi, un giorno, il mal di schiena si è fatto insopportabile, e il tremore alle dita fisso. I miei punti deboli sono stati i suoi varchi di accesso... Ed è arrivato lui, il Mieloma, per dirmi che dovevo fermarmi. A pensarci bene, solo lui poteva avere tanta autorevolezza da costringermi a uno stop.

E ho scoperto qualcosa di nuovo.

Dopo lo sgomento iniziale, seguendo percorsi interiori imprevedibili, ho ricevuto in dono l'arte del vivere, una via del tutto inaspettata alla felicità.

C'è chi considera il dono come il culmine della libertà umana e della gratuità – è il caso, per esempio, del pensiero cristiano. Secondo l'antropologo Marcel Mauss, è invece un «fenomeno sociale», implica comunque un contraccambio, un obbligo, un interesse. Per me, dopo tanti mesi vissuti con la malattia, i doni che ho ricevuto sono stati un lento percorso di conoscenza. Una vera e propria conquista, che ha richiesto i suoi tempi.

Kitai, dicono i giapponesi, e noi traduciamo con «attesa». Ciò che di bello arriva subito, subito se ne va. Ciò che è davvero bello e importante si fa attendere.

L'attesa, per i giapponesi, è una disciplina e fa parte dell'arte del vivere.

Un'arte difficile da imparare e tuttavia necessaria.

Voglio pensare che non tutti debbano attraversare ciò che ho affrontato io per accedere alla consapevolezza dei doni che riceviamo. Perciò, in queste pagine racconterò l'inferno e la rinascita, e condividerò ciò che ho trovato lungo un faticoso arco di esperienza. Non è della sofferenza che desidero parlare, ma della scoperta che tra le più grandi difficoltà della vita possono presentarsi risvolti sorprendenti.

I doni, appunto.

«OGNI COSA PUÒ
INIZIARE, PERCHÉ
SOLTANTO A NOI
STA LA PRIMA
MOSSA.»

Il primo dono

UNICITÀ

Tu sei un individuo
unico e irripetibile

Era il 2 giugno 2022, la data del mio concerto alla Konzerthaus di Vienna, un palazzo elegantissimo dei primi del Novecento, dove una statua di Beethoven ti accoglie nel foyer per comunicarti subito il senso della Storia che ci ha preceduto. In quella città ero già stato in diverse occasioni e mi tornava alla mente una frase della mia adorata sorella: «Attenzione, vai nella città dov'è stato inventato l'uomo contemporaneo».

Riflettendoci, è proprio così. Nell'immaginario collettivo musicale, Vienna è stata la capitale delle sette note soprattutto perché le sue strade sono state percorse da artisti come Mozart,

Beethoven, Schubert... Eppure, in tempi più recenti, Vienna ha accolto ed esaltato il pensiero e l'arte di personalità che hanno forgiato il pensiero contemporaneo. Dunque è un simbolo di coraggio, perché non è una città che si è adagiata sugli allori e ripiegata su un passato glorioso, ma ha saputo esprimere un cambiamento.

All'inizio del Novecento, infatti, proprio nella capitale austriaca ha operato una concentrazione forse irripetibile di genio e talento: Sigmund Freud, il padre della psicanalisi; Gustav Klimt e gli artisti della Secessione viennese; Arnold Schönberg che ha inventato la dodecafonia; Joseph Roth che nei suoi romanzi ha descritto il crollo di un impero e di un intero sistema di vita. In ogni campo della creatività, in quel momento si crea una frattura: in questo senso, viene «inventato» l'uomo contemporaneo. Il modo stesso in cui oggi pensiamo e vediamo il mondo è in parte il risultato di una rivoluzione avvenuta a Vienna. Nel bene e nel male, perché lì è anche iniziata una crisi: una perdita di certezze e di identità che si è riverberata profondamente su tutto il secolo e su tutto il continente, e che fa sentire la sua eco ancora nelle nostre insicurezze, personali e collettive.

Mi venne naturale esprimere questi concetti nel corso delle interviste che erano state organizzate per promuovere il concerto, in particolare al telegiornale nazionale. Così, come si può immaginare, la sera il pubblico in sala era in trepidante attesa! Io, però, ero sofferente, come mai lo ero stato prima.

Il problema si era presentato da qualche giorno, in un concerto al Teatro Petruzzelli di Bari: un fortissimo dolore alla schiena. Durante l'esecuzione, era scomparso per qualche minuto, per poi tornare. Avevo commentato con gli spettatori: «Ho un mal di schiena insopportabile. È andato via per un attimo, ma il Petruzzelli è talmente bello e voi siete così calorosi che è voluto tornare a trovarci».

Purtroppo, a Vienna non avrei avuto modo di scherzarci su.

Il dolore era fisso, senza tregua, fin dal viaggio del giorno prima. Arrivato in albergo, avevo dovuto faticare anche solo per percorrere una brevissima rampa in discesa nel corridoio: ogni minimo avvallamento peggiorava le fitte. Non avevo annullato il concerto, mi ero imbottito di farmaci antidolorifici, che però avevano sortito pochissimo effetto.

«Non potendo contare sul mio corpo, suonerò con tutta l'anima» esordii rivolto ai presenti, prima di cominciare.

Per fortuna, ero talmente concentrato, felice, desideroso di far ascoltare la mia musica e – dopo ciò che avevo detto in conferenza stampa – così motivato a dare il massimo in quella città cruciale per la nostra storia europea, che l'esecuzione risultò impeccabile. L'applauso finale fu una standing ovation, a cui di norma avrei dovuto rispondere alzandomi in piedi e ringraziando a mia volta il pubblico.

Invece non riuscivo a staccarmi dallo sgabello.

Dietro le quinte, chi mi accompagnava capì che stavo davvero male e dopo alcuni lunghi minuti di certo lo intuì anche la platea: ero completamente bloccato. Riuscii infine a tirarmi in piedi appoggiandomi al coperchio del pianoforte come a una stampella, percorso da fitte terribili. A passi lenti e con un'enorme fatica, mi rifugiai dietro le quinte.

In camerino, la decisione poteva essere solo una: «Non ce la faccio più. Annulliamo le prossime date».

Per me, che odio la sola idea di poter deludere il pubblico, era una scelta quasi insostenibile. Mi dispiaceva anche per Friburgo, dove avrei dovuto suonare qualche giorno dopo, e la mia delusione era legata a un motivo filosofico. Friburgo, infatti, è il centro mondiale della fenomenologia, dove il filosofo e matematico Edmund Husserl inaugurò quella straordinaria pagina della storia del pensiero e dove hanno operato Martin Heidegger, Karl Jaspers, Hannah Arendt. Anche in questa città – e ancora una volta nel bene e nel male – è stata costruita la contemporaneità e ha preso forma un pezzo di Novecento. Una parte di noi.

Un filosofo italiano a cui sono molto legato,

Carlo Sini, ha dedicato a Husserl un libro che si intitola *Inizio*. Racconta come il grande filosofo, già nell'ultima fase della sua vita, in cui era malato, abbia dato una svolta radicale alla sua riflessione ricominciando la sua ricerca filosofica, e finendo con il superare in modernità i suoi stessi allievi. A Friburgo, mi ripromettevo la gioia di visitare l'università e di regalare all'ateneo il libro di Carlo Sini, che è un omaggio splendido alla figura di Husserl. A Vienna, nel decidere di annullare il concerto, avevo una stretta al cuore perché non avrei potuto farlo. Sembra un piccolo gesto. In realtà mi sentivo fiero di poter essere un ponte tra le nostre culture.

Ma non c'erano alternative.

Non sapevo ancora di essere malato, eppure sapevo bene che qualcosa non andava, e che non era un trucco della mente.

Di ritorno a Milano mi sottoposi a tutte le analisi possibili.

Poi arrivò la diagnosi, pesantissima.

Avevo un mieloma, una neoplasia dal suono dolce, ma non per questo meno insidiosa.

Come altri tumori, è dovuto alla crescita incontrollata di cellule, in questo caso plasmacellule, appartenenti al nostro sistema immunitario, che servono a produrre gli anticorpi. Per questo tra i primi sintomi del mieloma ci sono in genere stanchezza e un terribile dolore alle ossa.

E così, ho appreso che il mio «semplice» mal di schiena era da considerarsi in realtà una malattia molto grave.

Mi sono trovato davanti a paure mai provate prima. Innanzitutto quella di morire, poiché questa era una possibilità concreta. Poi, quella di recare un dolore ai miei familiari e a tutte le persone che mi seguivano con affetto.

Non era la prima volta che dovevo combattere contro i miei draghi interiori. Lo avevo sempre fatto in concerto, davanti al mio pianoforte o all'orchestra. Questa volta avrei dovuto farlo lontano dal palco. Mi sentivo all'improvviso come un condottiero senza esercito, solo sul campo, e il campo era immenso e sconosciuto. Non avrei più accarezzato i tasti di un pianoforte o diretto un'orchestra, non avrei più sentito il suono meraviglioso dell'applauso di una platea festosa.

Non sarei più stato felice?

A pensarci bene, non molto tempo prima, durante un'esibizione in un teatro pieno, avevo notato una poltrona vuota. Mi ero sentito mancare! Quell'assenza, in quell'istante, aveva pesato più delle centinaia di presenze nella sala, più degli applausi e di tutto il calore. Eppure, quando ero agli inizi, per molto tempo avevo fatto concerti davanti a un pubblico di quindici, venti persone ed ero felicissimo.

Nel momento in cui la malattia mi ha tolto ogni possibilità di tornare sul palco, mi sono detto: "Non so cosa darei per suonare davanti a quindici persone". E mi ha colpito un pensiero chiaro, definitivo: i numeri non contano!

Eccolo, il primo dono: avevo ritrovato il senso del valore dell'unicità dell'individuo a scapito della dittatura dei numeri. Lo avevo sempre saputo, ma non è facile tenerlo a mente in una società che invece va in tutt'altra direzione. Possiamo ripeterci che il nostro valore è indipendente dai risultati quantificabili – e ogni giorno quantificati da chi ci circonda – ma ci sarà sempre qualcuno intorno a noi a insistere: quanto hai venduto? Quanto hai realizzato? Quanto hai fatto oggi?

È un caposaldo della cultura contemporanea, quello secondo cui i numeri contano, spesso più di ogni altra cosa. I risultati, i guadagni, i follower, parametri fisici come il peso o la taglia, tutto è quantificabile. E il valore di un'idea, di un'opera, di un'immagine, di un individuo, viene giudicato solo in relazione al riscontro numerico prodotto. I numeri non contano!

La mia soddisfazione più grande è essere riuscito a dirlo, molto tempo dopo, dal palco dell'evento televisivo più importante d'Italia: il Festival di Sanremo, dove mi era stato chiesto di proporre un breve monologo.

Ho preparato quelle parole meditando all'alba lungo i Navigli milanesi, nelle zone meno frequentate. Il mio desiderio, oltre a quello di dare voce a tutti i guerrieri che affrontano ogni giorno la sofferenza, era proprio abbattere la «sindrome quantitativa» tutta contemporanea, indotta in noi da una società che non si limita più solamente a giudicarci, ma che ci misura in ogni atto che compiamo. Questo concetto l'ho ripetuto soprattutto a me stesso, e così da quelle camminate solitarie è sgorgato un grido di libertà. Una follia, da un certo punto di vista.

Ma ne sono profondamente convinto: non è possibile misurare persona contro persona, anima contro anima, e trovarne una migliore e una peggiore. Una giusta e una sbagliata, una adeguata e una manchevole rispetto a un ipotetico standard numerico.

Nei primi tempi dopo la diagnosi, ho provato un sentimento che suona quasi assurdo, confermato poi anche da altri pazienti: il sollievo. La gioia di essere ancora vivo e all'inizio di una terapia che avrebbe potuto portarmi verso la guarigione.

Sulle prime è stato inaspettatamente confortante non dover più correre, smettere di affannarmi per raggiungere dei risultati, tirarmi fuori dal tritacarne mediatico in cui sono sempre in agguato la critica cieca e feroce o la svalutazione fondata sui numeri. È stato liberatorio ritrovare un «mio» tempo, potermi dedicare solo alla mia passione più forte, la mia ossessione: la composizione musicale, per la pura gioia di inseguire nuove melodie. E poi avere il tempo di guardare il cielo dalla finestra, cosa che ho sempre amato fare quando ero bambino. Pensando che ogni individuo, ognuno di noi, ognuno di voi, è unico, irripetibile e a suo modo infinito.

Sì, infinito!

Sembra un concetto strano, applicato alle persone, me ne rendo conto. Ogni giorno tutto ciò che ci circonda ci ricorda la nostra finitezza. Ma con la malattia, più sperimentavo la fragilità del mio corpo, più esploravo la vastità del pensiero. Non solo inteso come ragionamento analitico, ma come capacità di intuizione poetica, una attitudine spesso sottovalutata dalla società che ci vuole tutti numeri, inquadrati, senza aspirazioni... Pronti a eseguire le direttive che ci vengono dall'alto, perché siamo stati indotti a pensare che lì si trovino i parametri giusti, il ragionamento corretto. Qualcuno ha già pensato tutto per noi, e se in quella impostazione non ci ritroviamo «non andiamo bene».

Eppure, sentivo dentro di me che questo determinismo era solo uno schermo, una cortina di fumo. In realtà, siamo circondati dal mistero e noi stessi siamo insondabili.

Ho sempre provato meraviglia e riconoscenza per le piccole cose, ma ora, nonostante il dolore, ho imparato a rievocare la capacità di guardare il mondo con gli occhi incantati di un bambino.

L'intuizione del nostro essere individui preziosi, indipendentemente dalla nostra condizione, ci consente di liberare la mente, aprirla alla consapevolezza dell'infinito che è dentro di noi, ignorando, fosse anche solo per un momento, il giudizio del mondo esterno per comprendere la gioia della nostra unicità.

Ecco affacciarsi alla mia mente un altro dono.

«QUANDO TUTTO
CROLLA E RESTA
IN PIEDI SOLO
L'ESSENZIALE,
IL GIUDIZIO CHE
RICEVIAMO
DALL'ESTERNO
NON CONTA PIÙ.»

Il secondo dono

LIBERTÀ

Resta in piedi solo l'essenziale

Spesso ci capita di sentirci giudicati. E a volte è perché lo siamo. Tutto passa sotto la lente del giudizio: il nostro aspetto fisico, i comportamenti, ciò che diciamo o che scriviamo sui social. È umano.

Nella nostra società di massa, l'obiettivo sembra essere conquistare il consenso degli altri, incontrare il gusto e l'applauso del maggior numero possibile di persone. E succede spesso che la libertà di espressione e il privilegio di essere se stessi vengano penalizzati.

Per tornare a essere coraggiosi, pensiamo allora ai grandi del passato... Non hanno avuto la certezza di un successo, ma hanno espresso con tenacia tutta la loro creatività. Spesso non hanno avuto il tempo di vedere la meraviglia che hanno suscitato negli altri, perché in vita sono stati oggetto solo di quell'acerrima sentenza che oggi ci appare tanto ridicola e meschina. Così fu per i fischi che accompagnarono nel 1875 la prima di *Carmen*, l'opera di Georges Bizet che per la sua modernità si sarebbe trasformata in un trionfo mondiale, ma il cui debutto tra giudizi negativi di critica e pubblico, secondo alcuni, fu fatale per il musicista. O pensiamo anche al primo gesto musicale radicalmente irriverente del Novecento, con *Le Sacre du printemps* di Igor Stravinskij, oggi divenuta un classico del balletto, al cui debutto al Théâtre des Champs-Élysées, sempre a Parigi, circa quarant'anni dopo *Carmen*, scoppiò addirittura nel pubblico una lite violenta tra sostenitori e oppositori.

Gli artisti coraggiosi del passato, anche nei loro apparenti insuccessi, ci insegnano che adeguarci al gusto e al giudizio altrui può garantire un successo passeggero, ma solo l'autenticità regge alla prova del tempo.

Certo non è facile abbracciare la nostra singolarità. Capire cosa ci definisce, quale parte della nostra anima non siamo disposti a svendere per un momento di notorietà – o per essere lasciati in pace – e restare fedeli a quell'unica certezza.

Ecco che quando tutto crolla, e resta in piedi solo l'essenziale, il giudizio che riceviamo dall'esterno non conta più.

Io, all'improvviso, non ero più il musicista sul palco. Ero un paziente come tanti in un letto d'ospedale. Ma ero sempre me stesso: forse ancora di più.

Nel raggiungere questa consapevolezza mi ha aiutato la meditazione, che già praticavo e che ho intensificato con l'inizio delle terapie, nel tentativo di far fronte al dolore fisico e accoglierlo. E mi ha aiutato la conoscenza, nella forma di una insaziabile curiosità verso ogni forma di contatto tra fisico e metafisico, tra l'uomo e il divino.

Ascoltando alcune conferenze sull'antico

Egitto, mi ero soffermato sulla figura di Bastet, il dio gatto, una delle divinità più venerate da quella civiltà. Una gatta femmina, per la verità, che presiedeva alla casa, alla fertilità, alle nascite. Mi attraeva il contrasto vitale tra questa interpretazione potente e rassicurante e l'indole selvatica che trovo appartenga a ogni gatto, per quanto addomesticato. Con i gatti è così. Accanto alle loro irresistibili effusioni affettuose, emerge tutta l'indipendenza e la fierezza della natura selvaggia.

Allora, ispirato dalla divinità egizia, ho preso un gattino. Mi sono fatto accompagnare da lui durante la meditazione. Ho scoperto che mi portava un grande beneficio, che la sua vicinanza era importante. Disteso sulla mia pancia, partecipava e io ascoltavo le sue fusa, che mi aiutavano a rallentare il battito cardiaco e a entrare in contatto con il mondo naturale.

In fondo, cos'è la meditazione se non una pratica millenaria che consente di annullare il proprio ego? Far cadere il castello di carte del mio «ruolo», delle definizioni, degli obiettivi da raggiungere, dei ricordi del passato, di ciò che possono pensare gli altri di me, dell'idea che io mi sono fatto di me stesso. Nella meditazione tutto crolla, si pone semplicemente attenzione al respiro. Anche il dolore fisico può venirne mitigato, ammorbidito. Non accettato, ma accolto. C'è infatti il dolore, che è oggettivo, ma c'è anche la mia percezione del dolore, che varia a seconda del mio stato d'animo, soprattutto della paura di soffrire ancor di più in futuro.

Steso sul letto, con il gattino in grembo, ascoltando il mio e il suo respiro, arrivavo a un totale annullamento del mio ego, per attingere alla sorgente della vita! Un immenso spazio vuoto, una dimensione positiva, l'approdo di tutte le sofferenze, il contatto con la mia vera identità, al tempo stesso misteriosa e insondabile.

«Conosci te stesso» era scritto sul frontone del tempio di Apollo a Delfi, invitandoci a prendere coscienza della nostra dimensione autentica, scendendo in profondità dentro di noi.

Mi trovavo per la prima volta nella condizione ideale per seguire questo insegnamento perché io, in quel letto, potevo solo meditare. E i miei pensieri mi hanno portato verso il dono dell'indipendenza dal giudizio: com'è liberatorio, essere se stessi!

Mi sono reso conto che per tutta la vita avevo cercato di difendermi dalla opinione degli altri, senza mai riuscirci. La malattia, ora, mi portava in una zona in cui mi era completamente ininfluente.

Non assente, attenzione: ininfluente! Perché essermi in qualche modo ritirato dal mondo non significava che essa fosse completamente scomparsa. C'erano tantissimi messaggi di affetto e di incoraggiamento di amici e fan, persone che magari non sentivo da anni ma che avevano deciso di manifestare la propria vicinanza ora che i rapporti lavorativi perdevano di importanza.

C'era anche qualche commento sgradevole, persino vile, degli haters, incontenibili ammiratori al contrario. Sembra incredibile che a qualcuno venga in mente di prendersela con una persona in simili condizioni, eppure è così. Tempo dopo, superata la fase più difficile, a uno di loro ho deciso di rispondere. Il cuore della mia risposta era: io rispetto completamente la tua posizione. Considera però che quando tu mi parli, e mi dici cose negative, in realtà stai parlando di te stesso. Questo infatti è un meccanismo psicologico al quale nessuno sfugge: proiettiamo sugli altri una negatività che è dentro di noi, che è rivolta innanzitutto contro noi stessi, e ci fa male.

Ma anche se davvero l'intenzione era aggredirmi e ferirmi con le parole, aggiungevo nel mio messaggio, si trattava di fatica sprecata: perché per la prima volta in vita mia sentivo che quelle parole non attecchivano da nessuna parte, scivolavano via, non riuscivano più ad aggrapparsi alla mia anima. Presunzione? Indifferenza? No, piuttosto il dono della emancipazione dal giudizio altrui, dalle aspettative, che la malattia mi aveva fatto.

Bisogna per forza passare attraverso un trauma così grande, per raggiungere questa immunità?

Forse no, ma purtroppo riuscire a interiorizzarla non è facile. Già la filosofia antica, con lo stoicismo, invitava al distacco, alla comprensione che ciò che ci circonda nel mondo è fugace e solo dentro di noi possiamo trovare il giusto equilibrio.

Marco Aurelio, l'imperatore filosofo, ci regala una bellissima riflessione. Anticipando di secoli la concezione dell'universo infinito presente in Giordano Bruno, scrive che il nostro mondo è solo un puntino, una piccolissima goccia in un oceano sconfinato, dove tutto è soggetto a cambiamento. Allora, cosa mai saranno i giudizi che riceviamo dall'esterno, sia positivi sia negativi, visto che di essi non resterà nulla? Perché preoccuparsene? Anche Epicuro parla di «atarassia», una tranquillità imperturbabile che consente di rimanere del tutto indifferenti a ogni sollecitazione.

Leggendo poi le riflessioni di un altro gigante dello stoicismo, Seneca, sulla necessità di liberarsi dal giudizio degli altri, ho avuto una bizzarra sensazione. Tanta è la veemenza con cui vuole risolvere questo problema da far intendere che lui, in prima persona, non lo abbia mai superato.

In effetti sembra così difficile raggiungere questo tipo di condizione e forse non sarebbe nemmeno tanto umana, una vita priva di passioni. Sarebbe un peccato, dopotutto, rinunciare anche ai riscontri positivi per evitare quelli negativi. Dobbiamo però trovare un modo per difenderci dalla violenza di certe affermazioni, a maggior ragione oggi, nell'epoca dei social, che ci fanno sentire ogni giorno come esposti in una vetrina, verso cui chiunque può scagliare sassi.

Anche se non è consolante, può essere utile pensare all'aggressore come a uno sconfitto, a qualcuno che sta proiettando un suo disagio, che sta perdendo innanzitutto la propria serenità, mentre tenta di distruggere la nostra. In ultima analisi: perché una persona ci attacca? Perché abbiamo destabilizzato le sue certezze, abbiamo creato un cambiamento. In genere sono i più conformisti a colpire per primi, come forma di difesa, perché sentono tremare la terra sotto i piedi. E nel fervore con cui si slanciano verso di noi, come si apprende dalla disciplina delle arti marziali orientali, può risiedere la nostra forza. Esse insegnano a veicolare l'energia dell'altro per neutralizzarla, ma richiedono di essere perfettamente radicati, centrati, consapevoli di noi stessi e della nostra posizione. Sono riuscito a fare mio questo insegnamento quando, dopo l'attacco di un anziano violinista, ho risposto componendo il mio *Concerto per violino e orchestra*, anziché ribattere con parole altrettanto aggressive.

In rete, il problema si complica. Ci rendono fragili lo svelamento pubblico continuo, la vita sotto i riflettori, l'illusione che quando qualcuno ci offende o ci critica lo faccia «davanti a tutti». Dobbiamo sforzarci di capire che non è così: si tratta di crisi minime che nascono e si esauriscono dentro una bolla, di situazioni locali, di battaglie puntiformi, di scaramucce anonime come ce ne sono milioni, in ogni minuto, in ogni dove. Il mondo è più grande. Ed è ancora più grande la nostra anima misteriosa.

Rivalutare il mistero è un'altra chiave, nella liberazione dalla tirannia del giudizio esterno.

La Musica è il mio paradigma nella vita, e ogni nota è lì per decreto dell'anima, ogni sua richiesta mi trascina in luoghi sconosciuti e io non ho scelta. È la rappresentazione più evidente del mistero dell'esistenza.

Il rischio è di vivere una vita di superficie, quando invece noi siamo inesauribili nella nostra profondità. Conteniamo moltitudini, come diceva il poeta americano Walt Whitman. Siamo molto più complessi, insondabili e misteriosi di quanto possano far supporre un post su Instagram o qualche secondo di esibizione su TikTok.

Se ci autosemplifichiamo, inevitabilmente verremo giudicati in modo semplice, secondo le categorie più elementari: bello o brutto; bravo o incapace; giusto o sbagliato. Se invece accettassimo la sfida di comunicare un pensiero complesso solo a chi è in grado di accoglierlo? Di rivelare le sfumature della nostra anima, di portare l'incontro con l'altro su un livello diverso? Allora rivaluteremmo, insieme al nostro mistero, le mille sfaccettature di cui siamo capaci e ci riavvicineremmo a quella che è la nostra vera natura, insondabile. Forse dovremmo celarci di più, forse faccio bene a sentirmi come un gatto sotto la credenza, perché la vera essenza dell'arte è nel nascondimento, non nell'esibizione.

Non so se il mio invito a liberarsi dal giudizio esterno possa essere condiviso. Come in molti altri campi, non mi pongo come maestro di pensiero: racconto semplicemente la mia esperienza personale, propongo una mia visione. Certo, è difficile trasmetterla, se penso anche solo al Giovanni «di prima», a cui vorrei poter dire di non sentirsi sotto pressione, di non preoccuparsi delle valutazioni e degli attacchi. Mi rendo conto che, anche se potessi parlargli, forse non mi ascolterebbe. Non sarebbe pronto.

La freccia del tempo va in una sola direzione, e anche quella della saggezza. Eppure c'è qualcosa che può aiutarci, se non a diventare invulnerabili a ciò che ci accade, almeno a comprenderne la profondità e il senso: la Storia.

«LA FRAGILITÀ
È LA NOSTRA
FORZA, IN
UN MONDO
TRASCINATO
DALLA RAGIONE
VERSO LA
COMPETIZIONE
ESTREMA.»

Il terzo dono

PROSPETTIVA

La saggezza di comprendersi nel quadro più ampio della vita

Nell'*Iliade* di Omero c'è un'immagine che ricorre sovente per descrivere il momento in cui il guerriero soccombe, oppure è preso dallo scoramento:

> Poi un velo buio gli calò sugli occhi.
> Il buio l'avvolse agli occhi.
> Un'oscura notte calò sui suoi occhi.

Purtroppo questa immagine l'ho riconosciuta tante volte, in ospedale. La prima volta quando, davanti all'ascensore, ho incontrato un signore con la sua famiglia: tanti anni fa era stato il promoter di un mio concerto. Aveva quegli occhi.

Hai quello sguardo, avvolto nel buio, quando

ricevi la diagnosi. Tutto crolla, il tuo ruolo, ciò che hai fatto fino a quel momento, ciò per cui sei conosciuto, la tua identità. Ed entri in un altro regno, indefinito.

In ogni esperienza umana, e più di ogni altra nell'esperienza del dolore, giunge il momento del dubbio: su noi stessi, sulla nostra forza e sul destino che ci attende. Nella malattia non c'è una sola prova da superare, ma ce n'è una ogni giorno, anzi, ogni istante. E arriva per tutti il momento in cui si pensa alla resa.

Un giorno mi hanno detto che dovevo ricominciare a farmi le punture sulla pancia.

«No» ho risposto d'istinto. «Non ne posso più. È da un anno che le faccio tutti i giorni. Non è che ci si abitua.»

Poi ho riflettuto meglio. Ci ho ripensato: «Va bene! Facciamole!».

Mi sono impegnato a dirlo con risolutezza, non con rassegnazione e nemmeno con «resilienza», una parola molto di moda che però non mi è mai piaciuta. Mi fa pensare all'adattamento passivo a una situazione negativa.

Io sono un guerriero, ho uno spirito combattivo.

«Allora, queste altre punture sulla pancia a cosa servono?» ho chiesto.

«Si chiamano "fattori di crescita" e servono per stimolare il midollo osseo a produrre cellule staminali.»

E cosa sono le cellule staminali? Banalizzo: sono una meraviglia! Sono cellule indifferenziate. Se ne metto una su un tessuto cardiaco diventa una cellula cardiaca. Se ne metto una su un tessuto nervoso, diventa una cellula nervosa.

Tutti noi produciamo naturalmente cellule staminali. O possiamo indurne la produzione a fini medici con dei farmaci iniettabili.

«E come mi accorgo che le cellule staminali si stanno producendo?»

«Te ne accorgerai...»

I medici hanno avuto ragione anche quella volta.

Dopo una settimana, ho cominciato a sentire

un dolore pazzesco in tutto il corpo, soprattutto nella zona lombare. Dovevo essere contento, perché significava che i fattori di crescita stavano funzionando. Che le cellule staminali premevano da dentro le ossa per uscire. Il dolore è durato a lungo. Ore interminabili di attesa e di speranza, nella consapevolezza che il corpo umano fosse in grado di produrre ciò di cui aveva bisogno. Un processo doloroso e meraviglioso di creazione.

«E adesso che sono prodotte, che si fa?»

«Bisogna raccoglierle.»

Eccoci a una nuova fase.

Mi hanno portato in uno stanzone pieno di letti, separati da un telo per la privacy. Mi sono steso e ho allungato il braccio sinistro. Con un ago e un tubo mi hanno attaccato a una complessa strumentazione, potremmo definirla una specie di centrifuga: il sangue usciva dal braccio sinistro ed entrava nel macchinario. Lì le cellule staminali venivano separate in un sacchetto trasparente mentre il resto del sangue veniva reimmesso nel mio organismo, attraverso un altro ago nel braccio destro. È un procedimento che si chiama «aferesi» e non è una passeggiata.

Potrebbe essere necessario anche più volte.

È un momento difficile quanto decisivo.

Un telo, dicevo, mi separava dagli altri pazienti. Oltre a quello, solo ombre e suoni. E vicino a me, anche se non la vedevo, capivo che c'era una bambina, poteva avere sette anni. Piangeva, piangeva, e i genitori, le infermiere e i medici cercavano di distrarla, di rasserenarla.

È inevitabile chiedersi perché Dio permetta una simile sventura.

È una questione enorme che filosofi e teologi si sono posti per secoli: il problema del male, dell'ingiustizia del dolore inflitto agli innocenti. Non potevo certo trovare io la soluzione in un letto d'ospedale. Eppure non mi davo pace.

Alla fine dell'aferesi, la mia sacchetta di cellule staminali è stata portata in emoteca e io in reparto.

A questo punto è iniziata una fase apparentemente distruttiva.

Il mio midollo osseo era malato. Erodeva le ossa dall'interno: impossibile descrivere il dolore.

Produceva globuli bianchi (le nostre difese contro gli agenti esterni nocivi, come virus e batteri) che erano inefficaci e non riconoscevano le cellule cancerogene.

Quindi quel midollo doveva essere demolito. Come? La scienza medica oggi non ha alternative: con la chemioterapia. Magari tra un secolo sembrerà una soluzione arretrata, ma oggi è così.

La chemioterapia, con tutto l'immaginario collettivo di paure che questo termine suscita: la nausea, il vomito e il più classico dei classici degli effetti collaterali, lo vedremo.

Avrei potuto fare diverse sedute di chemio ma poiché, paradossalmente, ero in buona salute – a eccezione del mieloma – si è optato per un'unica potentissima chemioterapia.

È una flebo, che dura mezz'ora.

Mi sono addormentato profondamente nel

pomeriggio e mi sono svegliato il giorno dopo alle dieci.

Però, a quel punto, ero immunodepresso. Non avevo più difese nei confronti dell'esterno. Sarei potuto morire per un banale raffreddore.

Infatti, da quel momento, le infermiere che venivano a prelevarmi il sangue al mattino e i dottori in visita verso le undici indossavano tutti una tuta, i calzari, i guanti, la mascherina e la cuffia. E si trattenevano per il minor tempo possibile.

Dopo una settimana eccolo, il più classico degli effetti collaterali della chemioterapia: la perdita dei capelli.

Mi avevano detto che avrei cominciato a vederne alcuni sul cuscino. Io non ne vedevo, tanto che avevo iniziato a sperare di appartenere a quella ristrettissima cerchia di persone che da questo particolare effetto collaterale sono immuni.

Invece un giorno ho sentito un forte bruciore alla testa, e poiché i capelli erano lunghi, ricci e intrecciati tra di loro, li ho persi tutti insieme nel giro di poche ore. Li ho tolti come se fossero una parrucca.

Eccomi: calvo, imbottito di psicofarmaci per non cadere nel baratro del panico, ricolmo di oppioidi che da mesi mi davano la sensazione di avere la febbre a 39. Dimagrito fino a pesare sessantatré chili. Immunodepresso, indebolito, con una flebo perennemente attaccata per l'idratazione.

Avevo perso tutto, non solo i capelli.

Avevo perso il mio lavoro, le mie certezze.

Cosa mi restava?

Questo era il momento in cui avrei potuto lasciarmi andare, fino a spegnermi. Perché non l'ho fatto? Per non dare un dolore ai miei familiari, ma non solo.

Mi ha aiutato a resistere anche la Cultura.

Poiché non riuscivo a leggere, ho ascoltato molte conferenze di filosofia, di storia, di letteratura classica. Sono andato indietro nel tempo e nell'esperienza umana per imprimere bene nella mia mente un concetto importante: la sofferenza e la fragilità non erano un fatto soltanto mio, ma qualcosa che accomunava l'umanità intera, da sempre. Così, mi sono sentito meno solo.

Una volta toccato il fondo, ho ricevuto il terzo dono, quello della prospettiva: la capacità di comprendere che siamo granelli di sabbia sulla spiaggia della Storia, lambita dal mare del Tempo.

Spesso, infatti, tendiamo a vedere ciò che ci accade in negativo, perché viviamo le nostre esperienze sempre come singole, solo nostre, e ci appaiono enormi. Ma dolori che ci sembrano assoluti, da una prospettiva più allargata, diventano un fardello meno pesante quando li condividiamo con milioni di esseri umani vissuti prima di noi e – perché no? – che vivranno dopo di noi.

La cultura è ciò che ci permette di modificare il flusso del tempo, di accedere a una saggezza enormemente maggiore di quella che potremmo accumulare nel corso di un'esistenza. Come diceva Umberto Eco, chi non legge vive una sola vita, la sua. Ma chi legge ne può vivere a migliaia e da ognuna trarre insegnamento e conforto.

Durante il periodo durissimo della degenza, la cultura mi ha dato forza. La mattina in cui mi sono guardato allo specchio e avevo negli occhi quel buio omerico, lo sguardo dell'eroe che sta per soccombere, ho pensato quasi subito alla cultura come rifugio. E, ascoltando alcune conferenze, mi sono accorto che la mia sofferenza era una costante del genere umano. Mi sono sentito compreso, anche se non sapevo bene da chi.

Nello stesso tempo, mi sono accorto di quanto la società contemporanea stigmatizzi la sofferenza, la rimuova, la nasconda sotto il tappeto come la polvere. È una società antalgica, quella in cui viviamo. In cui tutti dobbiamo stare bene, essere performanti, avere un bell'aspetto e profumare di nuovo... Mentre la grande letteratura e la filosofia mettono al centro il dolore dell'uomo, se ne nutrono, lo trasformano in arte e in fonte di ispirazione per i posteri. E quindi lì ho cercato una luce, una via d'uscita.

Sono state molto importanti per me, in particolare, le conferenze del professore emerito Giovanni Brizzi, uno degli accademici più autorevoli di storia romana. Ho trovato affascinante la figura di Annibale, insieme a quella di Scipione l'Africano che era stato il suo nemico e alter ego e lo considerava il suo maestro, e che recependo le sue tattiche era riuscito a sconfiggerlo. Il racconto di figure eroiche, nel bene o nel male, mi affascinava, perché in un certo senso stavo combattendo anche io. E quelle battaglie distanti nel tempo riuscivo a sentirle vicine, abbastanza da trarne ispirazione. Riflettendo sul fatto che, a ben vedere, le figure dei più grandi guerrieri e condottieri non sono mai trionfanti senza se e senza ma.

Pensiamo proprio ad Annibale, che mise a ferro e fuoco il Sud Italia per decenni, tanto che il professor Brizzi propone addirittura l'idea secondo cui l'attuale questione meridionale potrebbe avere una delle sue radici proprio in quella profonda devastazione. Senza dubbio, visto da questa prospettiva, Annibale è un personaggio negativo. Ma è anche una figura epica, ha immaginato qualcosa che nessuno prima di lui aveva osato pensare: valicare le Alpi con degli elefanti. La maggior parte morì durante la traversata e lo stesso Annibale finì i suoi giorni cieco, oltre che sconfitto, eppure è il più grande condottiero della Storia, più grande di Napoleone.

Affascinato dai racconti del passato, e ispirato da queste figure tragiche nella loro grandezza, mi ritrovavo sollevato dalla mia sofferenza.

Anche le conferenze del teologo Vito Mancuso mi hanno molto aiutato ad approfondire il tema dell'immortalità dell'anima e quello, enorme, della problematicità del Male. Se Dio ha creato tutto, com'è possibile che ci sia la sofferenza? Secondo la dottrina ufficiale, è il risultato del libero arbitrio: Dio ci ha creato liberi e dunque in grado di scegliere e diffondere il male, così come il bene. Ma era comunque difficile per me accettare la sofferenza della bambina che stava facendo l'aferesi vicino a me, che aveva vissuto una vita breve e innocente, e ben poco arbitrio da esercitare. Mi chiedevo ciò che molti si erano chiesti prima di me: dov'è Dio, quando questo succede?

Il professor Mancuso, nelle sue lezioni, si pone questa domanda in tutta la sua sconcertante drammaticità. Nel suo pensiero, più che una risposta, trovavo una opposizione a una certa teologia contemporanea che vuole che Dio sia in tutte le cose: un ritorno al panteismo, suffragato dalle recenti scoperte della meccanica quantistica. Infatti Mancuso solleva un'obiezione enorme: Dio non può essere immanente e coincidere con l'insieme di tutte le cose, deve essere trascendente, distante. Perché se fosse in ogni cosa allora sarebbe anche male, sarebbe sofferenza.

Anche io, su quel letto di ospedale, sentivo il bisogno di ipotizzare una trascendenza, una distanza. Avevo la necessità di pensare che la mia anima fosse altro da quel corpo che mi stava abbandonando, che mi stava creando dolore.

Dopo aver vissuto per più di un anno la prossimità della morte, provavo sollievo al pensiero di un'anima immortale. Se tutta questa sofferenza avesse portato alla fine della mia avventura terrena, l'idea che si aprisse uno spiraglio ulteriore mi faceva bene.

E poi c'era l'aiuto della psicologia, e delle profonde intuizioni dello psichiatra e psicoterapeuta Raffaele Morelli, persona a me cara che mi faceva sempre sentire la sua vicinanza. Gli parlai al telefono in un momento particolarmente difficile e mi esortò a non smettere mai di immaginare, di fantasticare, perché l'immaginazione e il desiderio producono nel cervello delle sostanze benefiche che predispongono all'autoguarigione. «Immagina, fantastica, danza!» mi diceva. E lo presi sul serio. Quando finii di comporre il *Concerto per violoncello e orchestra* di cui vi parlerò, erano le tre di notte. Mi trovavo nella stanza d'ospedale in uno stato precario: l'ombra di me stesso. Mi sollevai a fatica dal letto e iniziai a dirigerlo nell'aria, con la flebo attaccata. I movimenti sempre più ampi. Lo cantavo, lo danzavo. Dalle telecamere di sorveglianza il personale si preoccupò non capendo il motivo di quei movimenti e subito vennero due infermieri a controllare. Impossibile scordare i loro nomi: Giovanni e Giovanna. Li rassicurai che andava tutto bene e che ero felicissimo di aver concluso la mia opera. Incuriositi vollero sentirla. Così, alle tre di notte, in quella stanza d'ospedale, dagli altoparlanti del computer mentre sullo schermo scorreva la partitura, è avvenuta la prima esecuzione del mio *Concerto per violoncello*, per un pubblico di tre persone, tutti Giovanni!

Bisogna danzare in questa vita! Dolore e sofferenza non vanno nascosti né rimossi, ma abbracciati, perché è lì che emerge il senso della nostra esistenza, e la nostra vita si fa autentica. Per quanto impervia e in salita sia questa strada, può essere percorsa nel segno dell'accoglienza e dell'accettazione. Dobbiamo «stare con il dolore».

Ho imparato così che la mia fragilità era quella di ogni essere umano.

Il teologo don Paolo Scquizzato mi ricordava che quando vivi la sofferenza umana, la ferita diventa una feritoia attraverso cui passa, scintillante, la verità e la bellezza di ciò che ci circonda. Dal suo pensiero intuivo che la musica che avrei composto nel dolore avrebbe cercato e afferrato una luce, come mai prima. Anche per lui, la sofferenza non va accettata ma accolta, perché l'accettazione è già una sconfitta.

E allora fragilità e felicità, due parole assonanti, arrivano a sfiorarsi.

Dalle pagine del saggio del professor Brizzi, che si intitola *Imperium*, ho appreso poi che nell'antica Roma le persone destinate al comando, sia nelle cariche pubbliche sia nell'esercito, dovevano possedere tre qualità: *auctoritas*, *dignitas*, *gratia*.

L'autorevolezza posso capirla. La dignità è giusta, perché devi essere degno di ricoprire quel posto di responsabilità.

Ma ciò che mi sorprende è la grazia! Devi avere grazia nel parlare, grazia nei movimenti, nelle intenzioni.

Durante la malattia ho fatto mie queste tre parole, non certo perché sono destinato al comando: sono una persona delicatissima, non amo dire agli altri ciò che devono fare o pensare; quando ero insegnante alle medie era un disastro!

Ma oggi ho dovuto assumere il comando più importante: il dominio su di me, sulle mie ansie, sulle mie paure.

Come dice un bellissimo haiku giapponese, ho dovuto mantenere lo sguardo fisso sui fiori, mentre camminavo sull'inferno. Ho dovuto regalare un sorriso alle persone che mi stavano vicino anche quando il dolore era insopportabile.

Ho dovuto aspettare, pazientare. Guardare fuori dalla stessa finestra per ore, per giorni.

E guardando mi sono reso conto che anche fuori da quella finestra c'era bellezza.

«INDIETREGGERÒ
SOLO PER
PRENDERE LA
RINCORSA...
MAI PER
ARRENDERMI.»

Il quarto dono

GRATITUDINE

Meditazione, bellezza e pace

Secondo Giulio Cesare è più facile trovare uomini disposti a morire che trovare quelli disposti a sopportare il dolore con pazienza. Be', Giulio, io continuo a vivere, e siamo in tanti, molti di più di quanti immagini! «Devi convivere con il dolore» non è una frase umanamente accettabile, e anche di fronte alla sua presenza costante non voglio arrendermi. Voglio pensare che ci sia una via d'uscita, voglio provarle tutte, e alcune le ho trovate.

Per esempio, ho scoperto che il dolore cronico non è mai uguale a se stesso. Mi ha aiutato tenere un diario molto dettagliato, giorno per giorno, in cui lo descrivo, ne annoto le caratteristiche. Mi accorgo che spesso variano e questo mi dà speranza, perché se il dolore cambia vuol dire che lo posso conoscere e controllare. Non è un'entità che devo subire, ma su di lui ho margine di azione.

Perché oggi non è uguale a ieri? Cosa ho fatto? Cosa ho mangiato? Più ginnastica o meno? Umore e dolore sono collegati? Come vuole la tradizione popolare, c'è un collegamento tra dolore e, per esempio, mutamento delle condizioni atmosferiche? La mia risposta è sì! E non solo. La percezione del dolore, per esempio, genera contratture che a loro volta aumentano il dolore, in un circolo vizioso: dunque bisogna tentare di distaccarsene, di rilassare la muscolatura.

All'estremo opposto di questa scelta di analisi minuziosa, c'è la meditazione, che è una visione più allargata dell'esistenza. A essa dedico del tempo ogni giorno. Inizio con pensieri di riconoscenza nei confronti del Creato. Poi mi concentro sul respiro, finché il mio Ego si dissolve e io divento Nulla. Non prego nel senso tradizionale del termine, ma la meditazione è una forma di preghiera, così come lo è l'esecuzione al pianoforte. Sono modi di proiettare me stesso in una dimensione trascendente.

Mi sono accorto poi che le persone che mi avvicinano hanno a loro volta un influsso sulla mia percezione del dolore: se mi comunicano ansia, si intensifica perché mi irrigidisco, e lo stesso se sono circondato dalla negatività. Se invece sono con persone luminose o se mi trovo in contatto con la Natura, immerso in una manifestazione di bellezza, il dolore diminuisce.

Durante la lunga e faticosa degenza ospedaliera, nell'incertezza che i potenti farmaci facessero effetto, ho scoperto quanto un panorama possa inondare di pace e armonia il mio cuore.

Un altro dono!

La gratitudine nei confronti della bellezza del Creato.

La gratitudine è un sentimento di ammirazione per il mondo, totalmente gratuito, svincolato da qualsiasi pretesa.

Non si contano le albe e i tramonti che ho ammirato da quelle stanze d'ospedale. Ho imparato a conoscere il rosa dell'alba, con una sfumatura di viola davvero particolare, che mi incanta. Mi lascio incendiare dal giallo-rosso del tramonto, cerco di assorbirne la forza. Il rosso dell'alba è diverso dal rosso del tramonto e se ci sono le nuvolette intorno è ancora più bello, come in un quadro di William Turner. Ho addirittura contemplato la luce del tramonto attraverso la sacca trasparente della chemio, che la amplificava come fosse una lente.

Quando vivi una situazione di estrema difficoltà, hai due modi di reagire: o ti abbandoni allo sconforto oppure diventi una sentinella di bellezza, pronto a coglierne ogni minima sfumatura. Sono infatti due gli atteggiamenti possibili davanti a un dolore che non hai voluto né cercato: puoi prendertela con il mondo, oppure, dopo lo scoramento iniziale, accorgerti che la vita contiene la luce e il buio e che accadimenti così drammatici possono addirittura fortificarci o portarci a livelli di consapevolezza maggiori.

Come recita un antico detto sufi: «Nessuno può sapere se un evento sia bello o brutto». Anche Epitteto ci invita a riflettere sul fatto che gli uomini sono portati a essere influenzati più dalla loro opinione, e ancora di più da quella altrui, che dalla oggettiva realtà degli eventi. Fortunatamente esiste un ambito in cui le opinioni umane finiscono sullo sfondo. Ecco allora che la contemplazione della Natura può aiutarci a raggiungere uno stato d'animo più pacificato, che ci permetta di guardare a ciò che ci accade con relativa obiettività.

La Natura possiede un potente potere curativo, ma lo abbiamo dimenticato. Essa rappresenta infatti una realtà originaria dalla quale ci siamo distaccati e verso la quale dobbiamo tornare.

Il filosofo e psicanalista Carl Gustav Jung intuisce che il mondo contemporaneo ipertecnologico apparentemente civilizzato ha posto sopra di noi una cappa che ci impedisce il contatto con la Natura, con le forze ancestrali e divine che da sempre percorrono la Storia dell'umanità. Noi dobbiamo saperci liberare dalla cappa, per riallacciare il contatto con queste forze misteriose e ritrovare una dimensione di trascendenza.

Quando ho la possibilità di tornare ad Ascoli Piceno, la mia città natale, vivo in una casa in campagna, circondata da un paesaggio naturale molto intenso e boschi intricati in cui camminare. A Milano sembrerebbe più difficile trovare questa dimensione, e invece anche la mia città adottiva offre un elemento sorprendente: un pacificante corso d'acqua, a volte sormontato da una leggera nebbiolina. Una volta uscito dall'ospedale, per ricominciare a muovermi e abbracciare con dolcezza il dolore, ho preso l'abitudine di andare a camminare lungo il Naviglio, tutte le mattine all'alba, aggiungendo ogni volta qualche metro al percorso. Sono accolto dalla bellezza silenziosa del paesaggio e da qualche sorriso di incoraggiamento dei pochi passanti.

Mantengo il contatto con il Dio Tutto della Natura, indiviso, eterno, sempre beato, che permea con il suo *Logos* ogni cosa.

Imparo che la Natura salva, conforta.

Mi accorgo che, nonostante il dolore non mi abbandoni mai a lungo, non ho mai amato così tanto la vita come in questo momento.

Sento che l'anima esiste, che posso separarla dal corpo e da questa sofferenza fisica a tratti insostenibile. O addirittura, posso aiutare il corpo a guarire, affiancando alla terapia farmacologica un'energia magica, che viene dall'anima, dalla Natura. E dall'amore di chi mi sta vicino.

«LA MUSICA
SI SPANDE
OLTRE I CONFINI,
PARLA AI FIORI,
ALLE PIANTE,
AL VENTO.»

Il quinto dono

Consapevolezza

Io sono quel che sono,
noi siamo quel che siamo

Sono sceso in profondità dentro me stesso e ho esplorato la bellezza di ciò che mi circonda. E dalla varietà della vita ho distillato le gocce di cui non potevo fare a meno.

Io sono quel che sono, noi siamo quel che siamo. E come intuisce Kant alla fine della *Critica della ragion pratica*, il cielo stellato può continuare a volteggiare nelle sue orbite perfette, io posso essere immerso in una condizione di continuo mutamento, eppure sento che in me c'è qualcosa che permane. Ed è ragionevole pensare che permarrà in eterno.

Nella profondità di ognuno di noi vive la possibilità di una dimensione inattaccabile e persistente pur nello scorrere delle cose: l'anima e la sua ragionevole immortalità.

Come dicevo, l'immortalità dell'anima, forse la più inscalfibile delle speranze del genere umano, è un argomento che tocca molto da vicino chi fa esperienza della sofferenza del corpo e della sua fragilità. Così, il quinto dono è stato la consapevolezza di me, la possibilità di rendermi conto del nucleo profondo di ciò che sono, come il cuore incandescente al centro della Terra.

Quando a Vienna ho provato una così grande delusione al pensiero di dover annullare il concerto di Friburgo, mi sono chiesto: "Ma, Giovanni, stai ragionando da musicista o da filosofo? Da dove viene questo desiderio, questo attaccamento così forte alle questioni filosofiche, al pensiero, al significato culturale di una città o di un'università?". La risposta è che essere artisti non può prescindere da una riflessione sul motivo per cui si sta creando qualcosa, sul cambiamento che si sta attuando attraverso la propria opera, e quindi su questioni inevitabilmente filosofiche.

Sento da sempre una sorta di responsabilità culturale, che porto avanti anche quando il mondo mi vorrebbe semplicemente esecutore di musiche, o addirittura intrattenitore. Chi non si pone e non pone problemi non disturba, è funzionale, non rischia di sconvolgere l'ordinato scorrere di una quotidianità superficiale. Invece io voglio riflettere su quello che sto facendo, voglio capire *perché* lo sto facendo. E, mi si perdoni la mancanza di umiltà, voglio anche rendere le persone che mi ascoltano più consapevoli ed entusiaste del valore di ciò che rappresentano. L'ho fatto ricordando ai viennesi che nella loro città era stato inventato l'uomo contemporaneo, avrei voluto farlo a Friburgo. Lo avevo fatto anche in Giappone. In occasione di un tour avevo infatti visitato la residenza dell'imperatore Meiji, il regnante che giovanissimo, ancora diciassettenne, guidò il Giappone verso un profondo cambiamento, aiutando il suo Paese a passare da un modello feudale di società alla contemporaneità tecnologica che noi conosciamo. Avevo ricordato questo geniale sovrano in una diretta televisiva e alla fine ero stato avvicinato dai cameramen, che avevano commentato: «Non lo sapevamo neanche noi».

Spesso non siamo coscienti di ciò che ci circonda. È come se dessimo tutto per scontato, mentre dovremmo ritrovare curiosità e meraviglia. In fondo è questo anche il significato profondo della filosofia: non uno stupore fine a se stesso, ma l'atteggiamento di chi si rende conto del valore delle cose. Di chi si àncora alla grandezza e alla bellezza che ci hanno preceduto per diventare pienamente consapevole della propria unicità, della propria identità e del proprio posto nello scorrere della Storia.

Per un artista, ciò significa prendersi cura della propria arte. E quando all'improvviso qualcosa ti rende difficile praticarla, è un duro colpo. Nei primi tempi delle terapie ho avuto paura, certo, di perdere qualcosa. Una paura che accomuna tutti, quella che riguarda gli aspetti lavorativi, professionali: a un certo punto ti senti inutile, quando non fai il tuo lavoro e tutti intorno a te sono costretti ad aiutarti a venir fuori da una situazione difficile.

Sarei ancora stato lo stesso? La «menomazione» di non poter suonare, di non potermi nemmeno sedere al pianoforte, mi avrebbe cambiato, diminuito? Ero ciò che ero sempre stato, o ero «meno di prima»?

Mi mancava il contatto con il pubblico, e anche quando ho ripreso «possesso» del palco non avrei più potuto viverlo come prima, perché con un sistema immunitario molto debole bisogna cercare di incontrare meno persone possibile. Sapevo già che avrei dovuto dire addio all'incontro con i fan dopo i concerti, ai saluti e agli abbracci.

Nei primi concerti del mio ritorno alla musica, pensavo che il dolore alla schiena sarebbe stato il problema più grande. Mi sbagliavo. Il disturbo più invalidante è stato un forte tremore alle dita, dovuto alle neuropatie e ai farmaci antidolorifici. Il tremore, appena iniziata l'esecuzione del primo brano, innescava un circolo vizioso di emozioni negative che finivano per amplificarlo, tanto che durante un concerto a Locarno stavo per alzarmi a metà dell'esibizione e annunciare il mio definitivo ritiro dalle scene. È stato il pubblico a farmi desistere, con il suo incommensurabile affetto. Le persone in platea avevano intuito la mia difficoltà e hanno cominciato a seguire le mie note, la mia lotta nel buio per cercare una luce, con un incredibile entusiasmo. Non potevo abbandonarli.

Nessuno aveva mai preteso da me la perfezione. Ora, assieme alle note, andavano in scena la mia fragilità, la mia umanità e di converso, se vogliamo, il mio eroismo. Con un paziente lavoro di visualizzazione, cioè con l'inserimento mentale di immagini positive per ingannare il cervello, mentre continuavo l'esibizione sono riuscito a interrompere il circolo vizioso del tremore.

Devo riconoscere che, nonostante la mia anima dovesse compiere percorsi tortuosi per giungere fino ai tasti del pianoforte, in questo nuovo tour mi sono ritrovato a vivere momenti di gioia pura.

Credo che nella sofferenza ci venga in soccorso ciò che più ci piace fare, ciò che ci faceva sognare da piccoli, la nostra vocazione. Per questo dobbiamo esserne consapevoli. Platone, nella *Repubblica*, ci regala una interpretazione misteriosa e affascinante della nostra essenza più intima, nella teoria del *daimon*. Prima di nascere scegliamo una vocazione, diversa da persona a persona. Ma venendo al mondo la dimentichiamo e nel corso della vita, grazie al nostro nume tutelare, il *daimon*, possiamo riscoprirla. Quindi, nella profondità di noi stessi è nascosto il segreto della nostra identità, ciò che siamo destinati a essere. È necessario spostare l'attenzione dall'esterno all'interno, se vogliamo vivere autenticamente.

Senza dubbio la mia vocazione è sempre stata la Musica. Anche quando non potevo più suonare è venuta in mio soccorso visitando la mia mente, come aveva sempre fatto.

Dovendo tralasciare l'aspetto concertistico, ho continuato a comporre. Ciò che amo di più al mondo è ideare musica nuova, sia che le mie composizioni le suoni poi al pianoforte sia che le diriga con l'orchestra o che le affidi ad altri interpreti.

Non poter suonare è stato doloroso ma ho potuto dedicarmi alla composizione con uno spirito nuovo: senza alcuna ansia del riscontro esterno. Per quanto io abbia sempre provato a non curarmene, infatti, c'è un meccanismo malato che alla fine ti conduce a pensare, quando crei, all'accoglienza che la tua opera riceverà. Ti fa pensare che la poltrona vuota al concerto sia una forma di sconfitta, o che sia una sconfitta per te il successo degli altri. Invece, ognuno ha la sua strada.

Non ho mai smesso di scrivere musica durante i mesi di ricovero, anzi.

Appena ricevuta la diagnosi di mieloma, prima ancora di chiedere cosa fosse, sono subito andato a vedere a quali note musicali corrispondessero le lettere del suo nome, secondo un procedimento matematico già usato da Johann Sebastian Bach.

Associando la sequenza delle note della scala cromatica alle lettere dell'alfabeto secondo una tecnica compositiva ormai centenaria, per la parola «mieloma» scaturisce una melodia romantica di sorprendente bellezza!

Il primo giorno di ricovero ho iniziato a scrivere un brano per violoncello e orchestra, ispirato da quella melodia.

Mi sono entusiasmato all'idea che la composizione del brano avrebbe accompagnato tutto il tempo della terapia, come fosse un diario di emozioni fatto solo di note, e quando la mia battaglia fosse finita avrei festeggiato dirigendo *Mieloma* in teatro, con un virtuoso solista al violoncello.

La composizione mi ha assorbito giorno e notte. Pura follia, lotta, dolore, ebbrezza, entusiasmo, gioia sfrenata, meditazione.

Sognavo di poter finalmente dirigere questo brano per violoncello e orchestra, per sentire in note tutto quello che ho vissuto in quelle stanze d'ospedale: le paure, gli entusiasmi, le attese snervanti, i momenti di grande felicità, i tramonti, le albe...

Cosa significa tutto ciò? Che la musica ha regalato un senso alla mia sofferenza. O almeno, ho voluto illudermi che così la sofferenza potesse avere un senso.

Perché per violoncello e non per pianoforte? Perché in quel momento il tremore alle mani era talmente forte da farmi pensare che non avrei mai più suonato il mio strumento prediletto.

Per oltre un anno, durante la malattia, per contrastare il dolore ho vissuto sotto l'effetto dei potentissimi oppioidi. Anche se l'assunzione è stata effettuata sotto strettissimo controllo medico, questa condizione mi ha portato a una vera e propria dipendenza e alla crisi d'astinenza.

Ne avevo avuto un assaggio la volta in cui il cerotto che rilasciava il farmaco si era staccato dal braccio per il caldo, durante la notte. Mi ero svegliato in uno stato di malessere indefinibile, una strana sensazione di panico nella pancia. Ne avevo messo subito un altro e nel giro di una mezz'ora quella nausea era andata via.

Quando, mesi dopo, ipotizzai che la sensazione ormai insostenibile di avere la febbre alta, costantemente giorno e notte, fosse dovuta a quel farmaco, decisi con grande determinazione di liberarmene, a costo di riacutizzare il dolore.

Avrei dovuto scalare il cerotto molto gradatamente nell'arco di un anno, invece lo feci in poche settimane, sapendo a cosa andavo incontro. Ero pronto e motivato ad affrontare questa battaglia, tanto che, quando staccai dal braccio l'ultimo cerotto, mi feci un video col cellulare assieme alla mia famiglia come se fosse Capodanno: «Tre, due, uno... via!!!».

Dopo qualche ora quella nausea, quel malessere nella pancia mi investì con una intensità indescrivibile. Una dimensione di impotenza di fronte a un turbine di reazioni incontrollate.

Avrei voluto scappare dal mio corpo, ma non c'era scampo.

Mi misi a correre avanti e indietro sul balcone di casa. Poi prendevo un elastico e lo stiravo più volte con violenza gridando, come fosse il *kiai* di un antico karateka: «Sono un guerriero!». Ecco da dove viene questa parola che ormai fa parte di me. Si lotta contro la malattia, si lotta eccome. Contro tutto ciò che essa porta con sé.

La nausea era insopportabile, la scatola dei cerotti lì, davanti ai miei occhi, eppure sono riuscito a non aprirla e portare a termine il mio tentativo di disintossicarmi, nonostante il corpo mi chiedesse, con ogni sua cellula, di allungare una mano e prendere un cerotto per porre fine a quella tortura, soddisfando la richiesta di recettori ormai dopati.

Il mio inferno è durato due settimane, poi quel malessere si è abbassato di volume fino a scomparire, e con esso la finta febbre.

Un'altra battaglia da annotare, un'altra sfida vinta prima di tutto con la mente.

Allora ho voluto superarmi. Ho tolto anche le benzodiazepine e gli antidepressivi. Finché un giorno sul mio diario ho scritto: «Sono *drugs free*!». Mi tengo il dolore e la paura. L'unico stupefacente della mia vita resterà la Musica.

In seguito, riflettendoci, mi sono accorto che nei dodici mesi in cui ho assunto gli antidolorifici ho composto una quantità di musica per pianoforte sufficiente per dieci album.

Pensavo a Baudelaire, che scriveva le sue poesie sotto l'effetto dell'oppio, e mi veniva da sorridere al pensiero di essere entrato in una dimensione che non mi era mai appartenuta, quella dell'artista «maledetto» che assume droghe. Di certo non era stata una scelta, la mia! Credo piuttosto che la Musica non abbia voluto abbandonarmi e mi sia rimasta vicina come ha sempre fatto. Questo non solo mi rassicurava, ma dava, ancora una volta, un senso al mio dolore e alla malattia.

Quelle note mi hanno portato oltre il dolore, di nuovo in contatto con la mia parte più profonda.

Io sono quel che sono. Lo ero anche magro, stanco, senza capelli, con le occhiaie.

Quando i capelli hanno cominciato a ricrescere, all'inizio erano lisci! Poi sono caduti di nuovo, per ricrescere ricci. Stranezze della chemio. Sono sempre stati un tratto così dominante della mia immagine tanto che mi identificavo con quell'icona, quella figura con i ricci. È stato difficile imparare a riconoscermi nello strano volto col berretto. Sono poi ricresciuti bianchi e grigi, quei miei capelli così neri. Ma sono ricci e forti, d'argento. Sono sempre loro. Tutto cambia e cambiamo anche noi, eppure restiamo noi stessi.

È vero, Eraclito diceva che non ci si può bagnare due volte nello stesso fiume, perché l'acqua scorre, tutto scorre, *panta rei.* Ma, proseguiva, è anche vero che il cambiamento è solo una illusione, poiché ogni cosa è abbracciata da un unico *Logos* originario, quello che oggi potremmo descrivere come uno spirito divino.

Tutti siamo dispersi in una dimensione sospesa tra cielo e terra, ognuno con una scintilla in fondo al cuore, che è il segreto della nostra identità, della nostra vita autentica, del nostro posto nel mondo.

Io sono quel che sono. Ho capito di aver accettato il nuovo Giovanni, quando ho avuto il coraggio di svelare pubblicamente i miei nuovi capelli argento. Un gesto simbolico che ho vissuto come liberatorio.

Oggi mi sento ancora come un reduce, tormentato dalle ferite e dagli incubi, ma un passo alla volta sto uscendo dall'inferno. E la mia condizione mi conferma che esiste un mondo, fatto di umanità, gentilezza, autenticità e coraggio.

«NON POSSO
SAPERE COSA
MI RISERVA IL
FUTURO,
MA UNA COSA È
CERTA: BISOGNA
AMARLA QUESTA
VITA, ANCHE
QUANDO IL BUIO
CI TRAVOLGE.»

Il sesto dono

RICONOSCENZA

La follia, gli abbracci, la vicinanza

In questi mesi di dolore fisico e mentale, ho sperimentato sulla mia pelle il fatto che le parole sono potenti farmaci, che la speranza ha effetti fisici positivi sulle cellule. Platone lo aveva già intuito e le moderne neuroscienze lo confermano.

Per questo, in ogni circostanza, dobbiamo scegliere bene cosa dirci, ed essere consapevoli dell'enorme potere che abbiamo. Affiancando la terapia farmacologica, possiamo predisporre la nostra anima all'autoguarigione e per questo dobbiamo selezionare oculatamente quali parole far risuonare in noi.

Impossibile non rendersi conto che l'essere di continuo bombardati da notizie catastrofiche non ci fa bene né come corpi singoli né come organismo sociale. Le parole possono costruire ma anche distruggere, e allora dobbiamo tornare alla consapevolezza di quanto bene possiamo fare, non solo agli altri ma anche a noi stessi. Sono davvero importanti le persone che ci circondano, la loro positività, la loro generosità.

Per secoli la guarigione è stata un'arte magica, sciamanica, in cui il talento del medico-alchimista incontrava la piena fiducia del paziente, che si abbandonava alle sue visioni. La scienza, intanto, ha fatto passi da gigante senza dimenticare quel passato. All'Istituto Nazionale dei Tumori si respirano il talento, l'intuizione, la forte volontà di guarire e alleviare le sofferenze, con un farmaco, ma anche con un sorriso.

L'ottavo piano dell'Istituto è il posto che ho frequentato di più, in questi mesi. Per me non è un reparto: è un luogo sacro dove la vita si manifesta in tutta la sua autenticità. Tutto ciò che non è autentico crolla e non ha più senso. E più che mai puro, reale, scintillante, emerge un senso di riconoscenza.

Per il sostegno della mia famiglia.

Per l'affetto, la forza, l'esempio che ricevo dagli altri pazienti, i guerrieri, così li chiamo. E lo sono anche i loro familiari, e lo sono anche i genitori dei piccoli guerrieri. Anime splendenti, esempi di vita autentica.

Ecco, dunque, un altro dono che piove nelle mie mani: la riconoscenza. Per il talento dei medici, degli infermieri, di tutto il personale ospedaliero.

Per la ricerca scientifica, senza la quale non sarei ancora in questo mondo.

Sono arrivato in Istituto spaesato, impaurito dal fatto che la mia vita fosse appesa a un filo, dopo la scoperta che il mio corpo purtroppo non è eterno. E sono stato accolto amorevolmente. In particolare, si è sviluppato nel mio cuore un profondo senso di riconoscenza nei confronti degli infermieri, così che ogni volta che uno di loro entrava dalla porta per portarmi un farmaco o un antidolorifico, ponevo una domanda per me importantissima: «Ti rendi conto che mi stai salvando la vita?». Dopo una piccola perplessità iniziale, ecco arrivare una risposta di un'umiltà disarmante: «Io faccio solo un piccolo pezzetto». Ma è quel pezzetto, unito a un altro pezzetto e a un altro ancora, che salva la vita.

E ti salva la vita non solo chi ti prescrive o somministra una terapia, ma anche chi pulisce il pavimento, chi rifà il letto, o chi semplicemente ti chiede cosa vuoi mangiare.

All'Istituto mi dicono sempre che bisogna avere tenerezza nei confronti di se stessi: tenerezza e perdono. Lo trovo molto saggio: è giusto dare sempre il meglio, ma è giusto anche perdonarci quando non siamo al massimo, farci una carezza interiore quando arriva il momento dello sconforto. Accogliere la nostra fragilità anziché combatterla, e usare quell'istante di riposo per uscirne più forti.

Se per la bellezza del Creato proviamo gratitudine, assoluta e trascendente, la riconoscenza verso il nostro prossimo è qualcosa di diverso: è immanente, si sperimenta in un tempo e in un luogo. Nel mio caso, la provo per i ricercatori, che non si accontentano e continuano a sondare nuove possibilità di cura ogni giorno. La provo per i medici, per i lunghi studi che hanno affrontato, elaborando un sapere che oggi profondono per garantire la mia sopravvivenza e quella di tante persone. E la provo per gli infermieri, i volontari e tutto il personale ospedaliero. Un intero sistema che ti accoglie e che fa la differenza quando sei provato e spaventato dalle incognite che hai davanti.

C'era una bellissima solidarietà anche tra pazienti, nel «mio» ottavo piano. Essendo immunodepressi e fragili, ci era proibito uscire liberamente dalle nostre stanze ma io, che sono abituato a camminare, avevo chiesto la possibilità di passeggiare almeno un po' nel corridoio, quando non c'era nessuno. Lo facevo la sera, portando con me il sostegno della flebo a cui dovevo essere attaccato ventiquattr'ore su ventiquattro. E in questa mia modesta forma di esercizio, ogni tanto, vedevo qualche altro paziente fermo sulla porta della propria stanza, che si era alzato per sgranchirsi le gambe. Ci si scambiava un sorriso. Esprimevamo, nella difficoltà e nella stanchezza, la felicità di essere vivi e un invito al coraggio. Condividevamo la riconoscenza per quanto si stava facendo per noi. L'umana riconoscenza bisogna comunicarla, in qualche forma, anche con un gesto: perché è contagiosa.

Il punto più importante dell'ospedale, secondo me, è l'ascensore. Un grande ascensore, che impiega del tempo per arrivare al piano, in cui si incontrano gli altri pazienti.

Una volta eravamo saliti in tanti al piano terra e l'avevamo riempito. Quando si è fermato al secondo piano abbiamo visto parecchie altre persone pronte a entrare, ma purtroppo non c'era posto. Io, che stavo davanti a tutti, poco prima che la porta si richiudesse ho detto in tono amichevole: «Purtroppo, ci sono troppi guerrieri qui dentro». Loro, fuori, hanno capito. Dentro, mi sono girato verso gli altri e ho visto degli sguardi di orgoglio, sguardi che parlavano.

Il termine che avevo usato era condiviso: ora, nell'ascensore, c'era un piccolo esercito. Ognuno combatteva la propria battaglia, ognuno andava a un piano differente che significava una differente malattia, ma lì ho sentito forte la solidarietà che si era creata. Ho sentito che erano cadute tutte le maschere.

Due scrittori che ho letto molto, Luigi Pirandello e Khalil Gibran, si concentrano in diverse loro opere sul tema della maschera. Pirandello suggerisce che passiamo tutta la vita a indossarne una, magari sempre diversa secondo le circostanze, finché scopriamo che dietro in realtà c'è un vuoto, e che noi non siamo nessuno. Questa è una visione decisamente nichilista. Invece Gibran, nel suo libro *Il folle*, ci dice che nel momento in cui cadono tutte le maschere noi scopriamo la nostra follia, la nostra identità più profonda e più autentica, che è amore, slancio verso l'altro. Io preferisco questa seconda interpretazione. Uscendo da quell'ascensore ho vissuto una manifestazione di umana e calorosa vicinanza: una volta ci siamo anche abbracciati, per incoraggiarci, spontaneamente. È un gesto folle, che nella vita non faremmo mai verso uno sconosciuto, ma è una follia positiva.

Ho ripensato proprio a quei momenti quando mi è arrivato l'invito a parlare dal palco del Festival di Sanremo. Un luogo di abiti, luci, scenografie, un luogo per definizione popolato di maschere. Su quel palco si sale con uno scopo preciso: entrare in una accesa competizione per vincere il più famoso concorso della canzone italiana. O anche ottenere visibilità, rafforzare un successo, dare una svolta alla propria carriera. Io ci sono salito per tutt'altro motivo: togliermi la maschera, l'ultima che avevo, un cappello che nascondeva e proteggeva il cambiamento, mostrando per la prima volta in pubblico i capelli trasformati dalla chemioterapia.

Credo sia stato dirompente, stando ai commenti e ai messaggi che ho ricevuto. L'immaginario collettivo si è per un attimo identificato con una persona che aveva abbandonato qualunque filtro. Avevo annullato ogni distanza, interiore ed esteriore. Se tante persone, come mi hanno raccontato, hanno pianto, è perché per un attimo si sono sentite «autorizzate» a togliersi a loro volta la maschera, e hanno avvertito il peso di quella sovrastruttura che cadeva. Non piangevano per commiserazione – anche perché mi ero molto impegnato a dare un messaggio di forza e di positività, non di debolezza né di spettacolarizzazione del dolore –, ma perché all'improvviso avevano ritrovato il contatto con la propria parte più autentica. Ed era stato liberatorio.

E dopo quella sera, le decine di migliaia di messaggi che mi sono arrivati mi hanno dato la forza per ricominciare a suonare il pianoforte davanti al pubblico, e di affrontare un tour impegnativo, di nuovo sul palco.

Ora sento di avere una missione: condividere e diffondere una nuova visione del mondo.

«GRAZIE ALLA
MUSICA ANCHE
LA SOFFERENZA
E LO SCONFORTO
ACQUISTANO UN
SENSO.»

Il settimo dono

SPIRITO

Suonare con l'anima

Sin da bambino ho un rapporto misterioso con la Musica. Riesco a vedere le note come fossero colori e a sentire la loro presenza costante intorno a me. Una fuga dal mondo reale, un rifugio accogliente e una porta su una vita avventurosa. Anche in questi anni di difficoltà non mi ha abbandonato. Anzi, i miei sensi hanno subìto una evoluzione e la Musica con loro, fino a spalancarmi un mondo nuovo! La memoria musicale non è stata intaccata dai mesi di malattia, ho le antenne sollevate per cogliere quanto di più bello la vita mi possa offrire adesso... molto più di prima!

Ricordo il mio primo attacco di panico, tanti

anni fa: l'ambulanza che mi portava in ospedale e quella musica che ho immaginato per calmarmi, *Panic*. Un brano contraddittorio, perché dolcissimo eppure dal titolo inquietante. Molte volte ho trasformato la solitudine, l'angoscia del vivere o il mio dolore in musica, ma non sapevo che mi aspettasse una prova ancor più dura.

Ora affronto interi concerti con il dolore come compagno costante. Eppure è come se la mia sensibilità si fosse acuita, espansa, come se la mia anima fosse diventata sfavillante, e volesse reagire a questa difficoltà fisica. L'esecuzione al pianoforte diventa molto più intensa e ho la sensazione di aver infranto qualunque limite, qualunque barriera che mi separi dal cuore della gente che mi ascolta.

Ritornato sul palcoscenico, sapevo che suonare di nuovo il pianoforte davanti al pubblico sarebbe stata un'emozione sconvolgente. Anche fisicamente, con due vertebre fratturate – la D10 e la L1 – e il tremore e formicolio alle dita, nome tecnico: neuropatie. Ma come avevo detto in quell'ultimo concerto a Vienna: «Non potendo più contare sul mio corpo, suonerò con tutta l'anima».

Tra i doni della malattia si è amplificata l'attitudine a suonare con tutta l'anima. Sento la necessità di focalizzarmi, di portare una lente d'ingrandimento su ciò che sto facendo e di vivere ogni istante più intensamente possibile perché non esiste il futuro, esiste un presente allargato.

Tutti possiamo riuscirci. In qualsiasi cosa facciamo, possiamo «suonare con l'anima». Dobbiamo essere completamente presenti a noi stessi, andando oltre la preoccupazione per l'esecuzione e il desiderio di conquistare un parere positivo.

Suonare con l'anima non significa solo fare bene ciò che si fa, ma esprimersi con la massima intensità possibile. Non si tratta di raggiungere un ipotetico «livello di performance», anzi, bisogna proprio dimenticare il risultato. È un movimento che va dall'anima al mondo, un fiorire, un darsi totalmente, senza aspettarsi nulla in cambio.

Non possiamo compiere un gesto in nome di ciò che succederà domani, perché nessuno sa cosa ci riserva il futuro.

Così, animato da questo spirito, ho ripreso i concerti. Durante i lunghi spostamenti in van, mi hanno allestito il sedile posteriore come se fosse un letto, con i cuscini e un materassino, per fare in modo che io viaggiassi sdraiato e che le vertebre collassate non ricevessero ulteriori sollecitazioni. Purtroppo la L1 si sta schiacciando sempre più ed è meglio non pensare a quello che potrebbe accadermi nei prossimi anni. Un motivo in più per vivere con gioia il presente!

Ogni tappa del primo tour dopo la malattia è stata un tesoro. Le emozioni che condivido con il pubblico in quel momento magico sono per me un impulso a guardare avanti, a sognare quel palco, quell'applauso, come fossero una festa dopo il doloroso percorso che ho dovuto affrontare.

Moltissimi mi hanno scritto per dirmi di non preoccuparmi di una nota sbagliata, di un'imperfezione, ma io non sono fatto così. Io devo dare il massimo anche se sono davanti a una sola persona. Quindi, la prima emozione nel tornare a esibirmi è stata l'angoscia. Eppure mi sono detto che dovevo rischiare, che quando sei un artista non puoi startene al sicuro, altrimenti non serve fare l'artista: quello è intrattenimento! E allora vai, vai...

I problemi nella sensibilità delle dita e il tremore erano molto evidenti, eppure ogni data è stata un'esplosione di intensità, nonostante il dolore da non respirare. Migliaia di persone, passione, entusiasmo. Quasi due ore di concerto, quindici brani, l'abbraccio alla platea dopo due anni di assenza dalle scene. Su quel palco c'era tutto: l'amore, gli esordi, il ritmo.

Così, ho capito che l'anima riesce a fare cose incredibili.

L'ho capito dopo. Mentre suonavo, infatti, non mi sono reso conto di niente, ma a posteriori le persone mi si avvicinavano piangendo. Allora ho compreso che era successo veramente qualcosa. Era arrivato il settimo dono, lo spirito. Quelle lacrime erano gocce di splendore, di chi sa che conta solo la musica, la vita autentica, la bellezza nascosta in fondo al nostro cuore.

Secondo le parole così intense del Vangelo di Giovanni: «Il vento soffia dove vuole e ne senti la voce, ma non sai da dove viene né dove va: così è chiunque è nato dallo Spirito».

Dallo Spirito bisogna lasciarci portare, trascinare. Il risultato verrà – o potrebbe anche non venire ma non fa niente – se «suoniamo» la nostra vita con l'anima.

Ora che non posso più entrare in teatro correndo, ora che il solo tenere le braccia sollevate mi risulta doloroso, ora che il futuro si è fatto incerto, suonare la mia musica in concerto è diventata una vera e propria missione. La mia gioia più grande è suscitare un'emozione, condividere una diversa visione del mondo, regalare fiducia e amore per la vita. Tempo fa dissero che con i jeans, la maglia, le scarpe da ginnastica, la mia corsa sul palco, e una musica del tutto nuova, avevo distrutto la liturgia concertistica della musica classica. Oggi mi rendo conto che ne sta fiorendo un'altra. Il pubblico accoglie le mie note in religiosa attenzione, respira, visualizza, si emoziona, tanto che ho cominciato a leggere, in qualche recensione, di esperienza mistica.

Anche quando il dolore mi coglie all'improvviso, nel bel mezzo di un'esibizione, cerco di trasformarlo in musica. Mi concentro e cerco di rendere ancora più fluido il movimento delle dita e di focalizzarmi sul contatto con la tastiera, immaginando che il pianoforte sia una sorta di materasso morbidissimo che accolga la mia energia. Allora le contratture dei muscoli paravertebrali si sciolgono e pian piano il dolore va via, defluisce.

In alcune date, proprio come a Vienna, per il dolore quasi non riuscivo ad alzarmi dallo sgabello del pianoforte sull'applauso finale. Con una differenza.

Allora avevo il presentimento che stessero per spalancarsi le porte dell'inferno. Oggi, dopo averlo conosciuto e attraversato, torno alla vita con il cuore colmo di speranza!

Certo, guardo i video e vedo che la mia sofferenza comunque si intuisce: sotto i vestiti un busto molto stretto protegge la mia schiena, le dita, ancora, a volte cedono. Ma altrettanto si percepisce il mio forte amore per la vita e per la Musica, ed è questo ciò che conta. Musica e vita per me coincidono. La Musica è il vero motore propulsivo di tutta la mia storia. Durante il concerto sento un'energia misteriosa che avvolge me e gli spettatori, come se la vita, nella sua essenza più intima, non fosse altro che Amore allo stato puro.

E quando arriva l'affetto del pubblico, a volte resto così, con gli occhi chiusi e le mani strette al viso, ad assaporare il suono dell'applauso. Che strana postura! Non è un inchino né un sorriso aperto ma è quasi un chiudermi nel silenzio.

È come se ci fosse un mare dentro di me. Ogni volta provo a immergermi più in profondità nei suoi insondabili abissi. Quando riemergo, è davvero assurdo: faccio fatica a capire dove sono.

Durante l'esecuzione c'è un'attenzione spasmodica in platea, un silenzio irreale, che cerco di onorare spingendo la dinamica del pianissimo ai limiti dell'udibile.

C'è un amore travolgente tra di noi.

Ora più che mai, suonare il pianoforte per me è come pregare, per entrare in contatto con energie sacre e misteriose fino a espandere la mia anima oltre il corpo sofferente. Allora faccio mia l'esortazione dell'imperatore filosofo Marco Aurelio: «Vivi con gli dèi!».

Una volta ho tremato come una foglia durante l'intero concerto, non so se per via delle neuropatie o se per gli effetti degli antidolorifici. Eppure per tutto il tempo ho provato una sensazione nuova: la gioia incontenibile di trasformare la mia fragilità in musica. Io voglio portare gioia! Non mi interessa nient'altro.

Tra un concerto e l'altro, passo giorni interi da solo a casa a Milano, con le fortissime contratture alla schiena a farmi compagnia. Cammino lento attorno al tavolo della cucina, leggendo Freud e Nietzsche. Sento dentro di me uno spostamento di orizzonti, dalla frenesia della quotidianità al desiderio profondo di silenzio, di infinito.

Mi assale allora una domanda: cosa significa vivere pienamente? Quando possiamo dire di star vivendo pienamente?

Sviluppo un rapporto sempre più stretto con il mistero. Mi rendo conto che nella profondità del nostro essere alloggia un'anima che è molto più grande di noi, dei nostri stessi pensieri, delle nostre restrizioni spazio-temporali. Viviamo pienamente quando ascoltiamo la nostra voce più profonda e nascosta, senza cedere alle mille distrazioni del mondo esteriore. Nel fondo dell'anima risiede una dimensione illimitata, forse specchio del divino: ma non voglio azzardare conclusioni teologiche, perché questo significherebbe confinare una realtà enigmatica e affascinante dentro la scatola di una definizione.

Mi è chiaro, però, che quando noi facciamo esperienza del mistero, il passo verso la trascendenza è brevissimo.

«LA MUSICA NON
È FATTA DI NOTE
CORRETTE, MA
DI PASSIONE,
DEDIZIONE,
INTENZIONE
TRAVOLGENTE.»

L'ottavo dono

Rigenerazione

Altezze celesti e corporeità

Sono convinto che ognuno di noi viva due dimensioni, tra loro opposte. Una può essere rappresentata da una linea verticale, che ci porta verso altezze celesti, verso la trascendenza; l'altra è la linea orizzontale della nostra quotidianità. Insieme compongono un simbolo potente già per il pensiero precristiano, e centrale nel cristianesimo: la croce, in cui si incontrano, in un unico punto, le due dimensioni – divina e terrena – che coinvolgono l'essere umano. Ognuno di noi vive un rapporto differente con questa intersezione.

Entrambe le dimensioni hanno a che fare con il tempo: da una parte *kairos*, l'attimo in cui tutto brilla, in cui si rompono improvvisamente le maglie della quotidianità e si apre uno sprazzo di eternità; dall'altra *chronos*, il tempo lineare della nostra vita che scorre ordinato, in cui c'è spazio anche per la noia, la ripetizione, la prevedibilità. In genere, il problema più comune è un eccesso di attenzione alla dimensione orizzontale. Nella vita di ogni giorno fatichiamo a recuperare l'anelito all'assoluto, perché catturati dal tempo relativo della quotidianità.

Può sembrare strano ma io ho sempre avuto il problema opposto, troppa attitudine all'immateriale. Ero animato dal desiderio di una trascendenza che mi eludeva e che cercavo ovunque: nella musica, nella filosofia, nella meditazione, nella bellezza. Perché sono così felice quando suono il pianoforte? Perché mi immergo in una dimensione altra che per me è una preghiera, ne condivide l'essenza sebbene non sia fatta con le parole tradizionali del rito.

Così, nella mia storia, ho sempre avuto una predilezione per la linea che va verso l'alto e ho sempre trascurato la quotidianità. È stato un grande errore, perché è nella completezza, nell'intersezione armonica tra le due linee che si gioca il senso della nostra pienezza e anche, oserei dire, della nostra felicità. Dunque è sbagliato trascurare la quotidianità, la fisicità. La malattia mi ha costretto ad ascoltare il corpo, a recuperare quella linea orizzontale, che era finita sullo sfondo a favore di una ricerca ossessiva dell'etereo, nell'essenza della Musica.

Idealmente la linea verticale va dalle gambe alla testa, quella orizzontale segue le mani, se allarghiamo le braccia. Il mieloma è andato a colpirmi proprio nell'intersezione. È lì che le vertebre hanno ceduto. Come se la malattia avesse messo in discussione esattamente il punto nella mia persona, dove risiede lo squilibrio della mia vita. Così ho dovuto ripensare la mia croce per arrivare alla conclusione che la parte terrena era stata trascurata, completamente.

Nella concezione cinese della medicina, la malattia è proprio l'espressione di un disequilibrio, di un mancato fluire dell'energia. Nel mio caso, era come se la propensione per la dimensione verticale avesse pesato su quella orizzontale, schiacciandola: così, in quell'intersezione del mio corpo qualcosa si è rotto, creando più crolli vertebrali. Certo, non è una spiegazione scientifica, ma a volte per apprendere veramente le lezioni che la vita ci propone bisogna andare al di là dei fatti, dei rapporti di causa ed effetto, e ampliare la nostra interpretazione in una dimensione metaforica e metafisica.

Forse qualcosa si era anche bloccato nel lento processo di fioritura del mio essere: anziché assecondare la mia vera natura ed esprimere la mia vera identità, ho inseguito inconsciamente ciò che secondo gli stereotipi della società avrei dovuto diventare, con l'idea di «dovere» rafforzare un certo prestigio, ottenere il benestare della casta, aumentare sempre di più i numeri. Ma non ho mai davvero cercato queste cose. E allora ἐνοιο οἶος εἶ, «diventa ciò che sei!» è l'esortazione che giunge a me dall'antica Grecia.

Dopo essere arrivato a queste conclusioni, ho parlato con il mio mieloma.

«Ho capito, adesso, perché sei venuto» gli ho detto.

E lui mi ha risposto: «Io non torno più se tu impari la lezione di vivere pienamente entrambe le dimensioni dell'esistere. Mi raccomando».

La scienza dice che il mieloma tornerà, perché così vogliono le previsioni, ma noi non possiamo vivere di sole statistiche. Per me è comunque importante aver capito l'insegnamento che la malattia mi ha portato, quello di ritrovare l'equilibrio tra le due dimensioni del mio essere. Su questa comprensione si fonda il mio percorso di guarigione.

Vi ricordate la sacchetta di cellule staminali? Un giorno me l'hanno portata in camera. Mi ha colpito subito il colore: sono arancioni! Non so se quello è il loro colore originario o se è dovuto a qualche conservante.

Me le hanno infuse con una flebo. Questa tecnica si chiama «trapianto autologo di cellule staminali», o autotrapianto. Le cellule sono iniettate nel sangue e da lì entrano nelle ossa, dove dicono: «Ehi! Qui c'è da ricostruire un midollo!». E magari ce la fanno, e il midollo inizia a produrre quei nuovi globuli bianchi tanto desiderati. Geniale!

A questo punto, però, è iniziata un'attesa snervante. Perché l'autotrapianto può non funzionare la prima volta, e in quel caso bisogna rifare tutta la trafila da capo.

La mattina entrava Tiziana, l'infermiera, che mi prelevava il sangue. Poi alle 11 arrivavano i dottori con i risultati e mi dicevano che ancora non si vedeva niente, ma ci voleva tempo.

Passavano i giorni, le settimane. I dottori dicevano che era normale non vedere ancora nulla, ma io cercavo di capire se mentissero, di intuire una verità ulteriore dall'espressione dei loro occhi o dall'inflessione della voce. Avevo la sensazione che qualcosa non stesse andando per il verso giusto.

Poi, una mattina, un giovane medico apre la porta con una certa veemenza, senza bussare. Abbassa la maniglia con forza. Non ha la tuta, i calzari, i guanti, la mascherina e la cuffia. Che imprudente.

Resta sulla porta e agita dei fogli.

Mi dice: «Maestro, hai tredici globuli bianchi!».

Io, con quel senso dell'umorismo che ancora mi tenevo stretto, gli rispondo: «Dottore, non sono un po' pochini?».

Ma lui sorride e se ne va.

In quel momento sono investito da una felicità allo stato puro! Un camion, un treno di felicità, un grattacielo.

Cosa stava accadendo?

La bilancia, che fino a quel momento pendeva verso la mia morte, iniziava a pendere verso la vita.

Perché ero felice? Perché avevo ottenuto risultati professionali di qualche tipo? Perché avevo venduto dei dischi? Perché erano aumentati i follower?

No! Perché ero semplicemente vivo. Semplicemente vivo!

Avevo ricevuto l'ottavo dono: quello della rigenerazione.

Da quel giorno, da quel momento di felicità, ho deciso che sarei stato la voce dei tanti guerrieri che affrontano la sofferenza portando in fondo al cuore un forte attaccamento alla vita.

«IL MIO DOMANI
È UN PRESENTE
ALLARGATO
DOVE OGNI
ALBA È UNA
PROMESSA, OGNI
TRAMONTO UN
ARRIVEDERCI.»

Il nono dono

TOMORROW

Abbandonarsi al flusso della vita

Nel letto d'ospedale, una musica nuova invadeva la mia mente in modo impetuoso e io non ne perdevo una nota. Ora era dolce, ora folle e incomprensibile, sognante e riflessiva, metafisica.

Era la mia àncora di salvezza l'idea che comunque la malattia e il dolore avessero un senso, e che questo senso potesse essere la Musica.

Tra i brani che ho composto c'è *Tomorrow*, che esprime il nuovo significato che ha assunto per me il concetto di domani. Non più un evento tanto lontano nel futuro, ma un presente allargato.

Anche il domani è un dono. Il nono e il più grande.

È stata una liberazione l'idea di riuscire finalmente a vivere il presente. Come scrive Marco Aurelio: «Ognuno di noi vive solo adesso, questo breve istante. Il resto è stato già vissuto o è incerto se lo vivrà».

Quando vado in ospedale, scopro i molti doni che vengono realizzati dalle meravigliose onlus che lavorano per il bene dei pazienti. Uno di questi è un braccialetto di gomma con scritto: «Almeno per oggi non ti preoccupare». Certo, contiene una sorta di simpatico inganno, perché ogni giorno in cui lo guardi è «oggi»... dunque è un invito a non preoccuparsi mai più, e questo è un dono. Lasciar cadere un attimo le aspettative verso il futuro, lasciar cadere la dipendenza da ciò che è stato nel nostro passato e vivere il più intensamente possibile il presente.

Negli anni degli studi universitari, rimanevo affascinato dagli aspetti teoretici della filosofia. Solo attraversando a piene mani la vita, ho apprezzato sempre di più l'approccio pratico dello stoicismo che si concentra sull'arte del vivere. L'invito degli stoici, che accolgo, è quello di non opporsi agli eventi, ma di abbandonarsi in armonia al loro flusso, qualunque cosa accada. È celebre il pensiero di Epitteto, secondo cui «tu non devi cercare che le cose vadano a modo tuo, ma volere che esse vadano così come stanno andando; allora tutto andrà bene». Attenzione, questo non significa giustificare lo *status quo* qualunque esso sia, ma prendere atto di un problema e concentrare le nostre energie sulle azioni che possiamo svolgere, evitando di opporci agli eventi.

Io non posso cambiare ciò che mi è accaduto e non posso neanche controllare il risultato finale, ma con tutto l'entusiasmo di cui sono capace faccio fisioterapia, cammino ogni giorno lungo il Naviglio, se qualcuno mi regala un sorriso lo ricambio con tutta la gioia, se un altro paziente guerriero, come è successo, mi pone delle domande sul senso della malattia e della sofferenza, cerco di dare una risposta che lasci spazio a una speranza. Questo per me è vivere, e forse in questo nuovo atteggiamento è nascosto il significato dell'antico detto greco: «Io posseggo il dolore, ma non ne sono posseduto».

Quando ho composto il *Concerto per violoncello* sul nome «mieloma» ingenuamente ho immaginato che lo avrei diretto per festeggiare la vittoria sulla malattia. Non sapevo ancora che il mieloma è una patologia cronica dalla quale non si guarisce mai.

Oggi devo ricredermi. Si guarisce tutti i giorni, giorno per giorno. E la vera guarigione della mia mente sarà avvenuta quando non attenderò più con ansia i risultati degli esami di controllo che devo fare periodicamente. Non sentirò di essere ancora malato anche quando gli esami dicono che le cose vanno bene. Riuscirò a dimenticare il dolore sopportato, e a confrontarmi per l'eroismo dimostrato.

Sento di aver operato, in questi anni di sofferenza, un cambiamento profondo.

Il Giovanni di prima era felice quando otteneva dei risultati e ne era grato. Quello di adesso prova riconoscenza indipendentemente dai risultati, una forma di felicità interiore che non è scalfibile dagli eventi, una profonda gioia di vivere che conosce dei picchi – per esempio, quando suono – ma che è comunque sempre molto intensa.

Quando ho pubblicato il brano per pianoforte *Tomorrow*, ho letto commenti sorpresi: le persone si aspettavano qualcosa di molto più triste. Ma io adesso ho bisogno davvero di allegria, di sorridere, di abbracciare il mio pubblico con le mie note e di farmi abbracciare.

Ho voglia di speranza.

È forse il sentimento più semplice: la certezza che ci sarà un lieto fine. Nessuno mi può togliere questa idea. Io devo pensare, devo sapere che domani ci sarà un giorno più bello. Questa è la speranza. Adesso cerco di cogliere dalla vita tutti i doni che mi offre, molto più di prima, senza farmi prendere dal gorgo dell'ansia.

Dobbiamo avere fiducia nella ricerca scientifica e nella certezza che nel fondo della nostra anima ci sia una luce indistruttibile dagli eventi, che ragionevolmente brillerà per sempre. Dobbiamo avere fiducia nei procedimenti terapeutici che sicuramente ci aiutano. E intanto vivere più intensamente possibile, non lasciare una minima goccia di vita inascoltata.

Per questo ho chiamato *Tomorrow* quel primo brano, quello del ritorno alla vita.

Perché domani, per tutti noi, ci sia sempre ad attenderci un giorno più bello!

«VI HO PORTATO
IN DONO,
IN OFFERTA,
LA MIA VITA,
LA MIA
SOFFERENZA E
LA MIA FELICITÀ.
E SPERO CHE
POSSIATE FARNE
TESORO.»

Sono arrivato fino a qui, ma il libro non finisce. Da questo momento in poi continuerà nelle pagine della vostra anima.

Indice

Questo libro è stampato fabbricato da Grafica Veneta S.p.A.
con un processo di stampa e rilegatura certificato 100% carbon neutral
in accordo con PAS 2060 BSI

Finito di stampare nel mese di dicembre 2024
per conto di RCS MediaGroup S.p.A.
da Grafica Veneta S.p.A., Via Malcanton 2, Trebaseleghe (PD)
Printed in Italy